AF465678

Lk7 1423

NOTICE HISTORIQUE

SUR

L'ÉGLISE ET LE CHAPITRE

DE BRIOUDE.

PAR M. LE BARON DE TALAIRAT,

CHEVALIER DE LA LÉGION D'HONNEUR, MEMBRE DE PLUSIEURS SOCIÉTÉS SAVANTES.

AU PUY,

DE L'IMPRIMERIE DE P. PASQUET,

IMPRIMEUR DE LA PRÉFECTURE.

1829.

NOTICE HISTORIQUE

SUR

L'ÉGLISE ET LE CHAPITRE

DE BRIOUDE.

Il est peu d'Eglises plus anciennes, il n'en est pas de plus célèbres dans les Gaules que celle de Brioude : *Vix ulla celebrior*, dit le savant auteur du *Gallia christiana* (1).

Cette Eglise consacrée à Saint Julien, soldat et martyr, date de l'époque où il versa son sang pour la foi.

C'est le 28 août 303, que Julien, chef d'une légion sous l'empereur Dioclétien, ayant embrassé le christianisme, fut mis à mort par l'ordre du proconsul *Crispinus*, dans la forêt de Vincelle, à peu de distance du bourg de Brioude, *propè vicum Brivatensem*, où son corps fut porté. La fontaine dans laquelle on plongea sa tête sanglante épanche encore une eau douce, abondante et limpide, comme au temps où écrivait *Grégoire de Tours*, membre de l'Eglise

(1) *Gallia christiana*, tome 2, page 467.

de Brioude, historien très-prolixe de la vie et des miracles du bienheureux martyr Julien : « *In loco autem illo, quò Beatus martyr percussus » est, fons habetur splendidus, lenix, dulcibus » aquis uberrimus, in quò et à persecutoribus » caput amputatum ablutum est* (1). » Ce lieu a pris et retenu le nom de Saint Ferréol, qui était celui de l'ami, du compagnon de Julien, et qui, à son exemple et à son instigation, ayant embrassé la religion chrétienne, finit comme lui par recueillir les palmes du martyre (2).

Le peuple est avide de nouveautés; des choses extraordinaires se passent à Brioude, la foule accourt.

Une dame espagnole, riche et d'une haute naissance, ne pouvant se rendre à Trèves, où son époux était détenu en prison, menacé de perdre la vie, accourt au tombeau du Saint, et fait vœu de lui bâtir une chapelle, si son époux est sauvé. A quelque temps de là, elle apprend que le jour même où sa prière montait aux cieux, la grâce avait été accordée, et un oratoire est construit (3).

---

(1) Grégoire de Tours, vie et miracles de Saint Julien, nombre 3.

(2) M. Jorand, de l'académie royale des antiquaires, a compris cette fontaine parmi les brillans dessins qui doivent composer son beau voyage pittoresque d'Auvergne.

(3) Grégoire de Tours. Vie de Saint Julien, nombre 4.

A cette époque, il y avait à Brioude un temple consacré aux divinités païennes, Mars et Mercure : « *Erat autem propè sepulcrum » Martyris grande delubrum, ubì in columnam » altissimam simulacrum Martis Mercuriique cole- » batur* (1). »

La cité s'étant convertie, on renversa le temple, et les débris aidèrent à bâtir une église. Elle fut achevée en 389, sous l'empire de Maxence et Valentinien. Et certes on aurait une bien haute idée de cette construction si l'on prenait à la lettre les expressions exagérées d'une ancienne chronique : « *Sancti Juliani honore constructa est » ecclesia admirabilis, quœ studiosum ac gloriosum » protulit fastigium, et fulget, non uno sui minùs » ornata ac splendida quàm Salomonistemplum* (2). »

Sans approuver ce qu'évidemment il y a de trop louangeur dans les paroles de cet annaliste, on ne peut raisonnablement se refuser d'en conclure que l'Eglise de Brioude était ou le plus beau ou l'un des plus beaux monumens de cette époque, qui est celle de la décadence de l'art ou du moyen âge, et c'est le jugement qu'en portent encore aujourd'hui tous les archéologues qui viennent le visiter; car malgré

(1) Grégoire de Tours. Vie de Saint Julien, nombre 5.

(2) Manuscrits de l'abbaye de Marmoutiers en Tourraine.

le dire des chroniques, qui parlent souvent de sa ruine complète par la flamme et par le fer, ouvrage des Sarrasins et autres ennemis de la foi, elle subsiste, cette Eglise, avec les mêmes proportions, le même ordre pour l'ensemble, les mêmes colonnes et les mêmes chapiteaux qu'à l'époque de sa construction. Les modifications qu'elle a subies, par suite des dévastations, ne consistent que dans quelques détails, dans des choses ajoutées, dans des ornemens enfin qui attestent leur exécution plus moderne.

Comment concevoir, en effet, qu'avant l'usage de la poudre à canon, des ennemis qui ne faisaient que passer, qui ne cherchaient qu'à piller, eussent perdu leur temps à essayer de démolir de fond en comble des masses aussi imposantes? Ils faisaient le plus de mal qu'ils pouvaient et le plus promptement possible, dans la crainte d'être surpris; et c'est tout ce qu'il faut entendre par les plaintes et les récits de leurs adversaires. Quand un moine nous dit que son couvent a été détruit et rasé, c'est d'un sac, d'un pillage, d'une démolition partielle qu'il veut parler. Son exagération est un moyen sûr pour exciter la pitié d'une part, et de l'autre, enflammer les désirs de vengeance. Les grands monumens du moyen âge, toujours debout, sont là pour attester ces fraudes pieuses, et l'Eglise de Brioude en est une preuve parlante aux yeux de l'archéologue et du savant. Reprenons le récit historique.

Avitus, Auvergnat d'origine, préfet du prétoire et puis empereur, accorda la protection la plus signalée à l'Eglise de Brioude. Détrôné après deux ans de règne, et assassiné par les ordres de *Richimer*, son corps fut porté à Brioude et enterré près le tombeau de Saint Julien : « *Ad pedes sancti martyris Juliani* » *sepultus est* (1). »

Les Bourguignons, maîtres des villes de Lyon et de Vienne en Dauphiné, vinrent piller l'Eglise de Brioude, l'an 458; mais, surpris dans leur retraite par *Illidius*, comte du Velay, chef de la milice Brivadoise, ils furent obligés d'abandonner le butin qu'ils avaient fait. Il ne resta en leurs mains qu'une patène et un grand vase, que la reine *Carétène*, épouse de *Gondebaud*, fit restituer à l'Eglise (2). Les Chroniques rapportent qu'*Illidius* fut averti par une colombe qui lui servit de guide; comme si, dans ces temps déplorables, où il fallait, chaque jour, repousser la force par la force, l'on ne devait pas être, chaque jour, tout préparé à la défense.

---

(1) Grégoire de Tours, *de Historiá Francorum*, *liber secundus*.
(2) *Idem*.

L'empereur *Julius Nepos* ayant été vaincu par *Théodoric*, roi des Goths, l'Auvergne passa sous la domination de ce dernier, qui protégea l'Eglise de Brioude.

En l'année 478, un oratoire fut dédié à saint *Ferréol*, au lieu même où *Julien*, son ami, était mort en confessant le Christ, et l'autel fut élevé sur la fontaine où la tête du martyr avait été plongée.

L'an 508, *Clovis*, chef, puis roi des Francs, ayant défait *Alaric*, successeur de *Théodoric*, s'empare de l'Auvergne et s'empresse de reconnaître et d'augmenter les priviléges de l'Eglise de Saint Julien.

L'an 530, *Thierry* étant entré en Auvergne pour reprendre cette province, dont son frère *Childebert* s'était emparé par la trahison du gouverneur, fit mettre à mort quelques soldats qui s'étaient permis le pillage sur le territoire de Saint Julien (1). Puisqu'il reconnaissait que le pillage n'était pas un droit, mais un brigandage odieux, pourquoi ne pas l'interdire sur toutes les terres? La justice et l'humanité avaient beau réclamer, leur voix n'était pas écoutée.

L'an 800, *Guillaume le Pieux*, ou *le Piteux*, car il y a incertitude pour le surnom, celui-là

---

(1) Grégoire de Tours, *ut suprà*.

même qui avait commandé les armées de *Charlemagne* et qui fonda plus tard et dota la riche abbaye de Cluny en Bourgogne, voulut s'immortaliser à jamais, en consacrant une partie de ses biens immenses à restaurer et enrichir l'Eglise de Brioude, comme il employa son pouvoir et son autorité à régler l'ordre du service divin et à faire cesser les disputes entre les clercs et les laïcs, en assignant à chacun leur place. Voici comment s'explique, à ce sujet, un ancien nécrologe de l'abbaye de Cluny : « *Similiter fundavit Guillelmus princeps* » *ecclesiam insignem et nobilem collegiatum in* » *Arvernensi et Brivatensi pago, quam illustris* » *canonicorum pietas et nobilitas nostris adhuc* » *temporibus illustrat.* » Après avoir comblé cette Eglise de richesses et de priviléges, il voulut y être enterré, comme un père au milieu de ses enfans; c'est ce qu'atteste encore le même nécrologe : « *Sepultus Brivatæ, in ecclesiâ* » *quam fundaverat, dignus certè cui totus orbis* » *gratias referre teneatur, sed præcipuè ordo* » *Cluniacensis, cujus fundator exstitit tàm glo-* » *riosus et liberalis.* » La reconnaissance ne saurait aller plus loin. C'est donc pour avoir enrichi le monastère de Cluny, que, selon les moines de Cluny, l'Univers devra des actions de grâces à *Guillaume le Piteux.*

Jusqu'au neuvième siècle, jusqu'au moment où *Guillaume* mit la main à l'œuvre, il n'y avait eu que confusion et désordre dans l'Eglise de Brioude. S'il fallait des prêtres pour adresser des prières et recevoir les offrandes, il fallait également des hommes d'armes pour protéger les pélerins qui affluaient de toute part. Chaque année, dans la semaine sainte, l'Evêque de Clermont, à la tête de son clergé, et suivi d'une population immense, se rendait à Brioude, nus pieds, pour venir prier sur le tombeau du martyr. Brioude, situé dans une vaste plaine alors couverte de bois, dominé à trois aspects par des monts élevés et traversé par l'Allier, devait être une position fort difficile à défendre. *Grégoire de Tours*, sous le nom de *Castrum victoriacum*, parle d'un lieu fortifié où l'on se retirait dans les momens de crise. La tradition n'a conservé nul souvenir de ce lieu, et il n'existe point de site qui en rappelle le nom par étymologie, ni de construction qui puisse se rattacher à cet usage et à cette époque.

Il est probable que les prêtres et les soldats, hors le temps du péril, vivaient mal ensemble, et c'est à les accorder que *Guillaume* mit ses soins. Les guerres alors étaient moins vives, l'état jouissait de plus de sûreté et la société de plus de repos; les routes n'étaient plus infestées de brigands ; la confiance renaissait à la vue de l'ordre, et chacun s'occupait de son bonheur particulier.

Guillaume put aisément mettre chaque chose à sa place. Les militaires qui avaient rendu de si éminens services, mais dont l'épée devenait désormais inutile, revêtirent le surplis par-dessus la cuirasse, et, par droit de conquête, s'adjugèrent les premières places dans l'Eglise. Le clergé, quoique jaloux de cette arrogante suprématie, ne voulant point laisser échapper une si belle, une si riche proie, se contenta du second rang, ne pouvant pas obtenir le premier. Plus tard, il astreignit les fiers chevaliers à n'être plus que des prêtres, et chercha même, quoique sans succès, à se glisser dans leurs rangs. Jusqu'au moment où le Chapitre de Brioude s'est écroulé avec nos institutions féodales, les nobles seuls de quatre générations de pères et de mères avaient été admis à porter le titre de *comtes de Brioude*. Cet ordre, car c'est ainsi qu'il convient d'appeler une réunion de laïcs et de clercs, est le plus ancien que l'on connaisse dans la chrétienté. Il paraît avoir servi de type aux *Templiers* et aux *chevaliers de Malte*. Il fut confirmé par ordonnance de nos Rois et par bulles des papes, comme l'on verra bientôt.

Les richesses de l'Eglise de Brioude, devenues trop considérables, excitèrent enfin la convoitise des grands feudataires de la couronne et du roi lui-même. On n'éprouvait pas de scrupules à lui prendre ce qu'elle acquérait si facilement. C'était à qui la dépouillerait. Pour surcroît de malheur, elle fut pillée par les Sarrasins et détruite par eux, comme alors on était convenu de le dire, pour exciter la fureur du peuple contre ces mécréans.

Duc d'Aquitaine et successeur de *Guillaume*, *Béranger*, à qui le roi, pour des services rendus, venait de donner le comté de Brioude, car, jusqu'à ce moment, la seigneurie avait appartenu à la couronne, *Béranger* céda tous ses droits, titres et priviléges au Chapitre de Brioude, en y joignant le magnifique patrimoine de cent *mas*, dont il affecta quarante à l'abbé et partagea les soixante qui restaient entre trente-quatre chanoines qu'il attacha au service de l'Eglise, et vingt autres qu'il établit à l'oratoire du fort *Victoriacum*. Il fit de plus réparer l'Eglise et la mit en l'état où elle se trouve aujourd'hui. Sur un *ex voto* en bois, assez grossièrement travaillé mais recommandable par son antiquité, et que l'on voit dans la chapelle des Pénitens, *Béranger* est représenté avec le costume de chanoine, un genou en terre, et sur l'autre tenant le modèle de la basilique de Saint Julien, qu'il dédie à la Vierge et à l'enfant Jésus qu'on aperçoit au haut du tableau.

Louis le Débonnaire, par une Charte du mois de juin 825, approuva et confirma tout ce qu'avait fait *Béranger*, et déclara le Chapitre de Brioude exempt à perpétuité de toute juridiction royale et de toutes charges, se contentant, pour chaque année, de l'hommage qu'on devait lui faire d'un cheval, d'un bouclier et d'une lance. Voici un extrait de cette Charte :

« *Ludovicus....... quia, postquàm comitatum Bri-*
» *vatensem fideli nostro Beringerio, illustri comiti,*
» *concessimus, ille, ingenio quò valuit, quemdam*
» *Ecclesiam, ubì Sanctus martyr Julianus requies-*
» *cit, quæ est constructa in vico Brivatensi, non*
» *procùl à Castro victoriaco* (1), *quæ à Sarra-*
» *cenis destructa et igne combusta erat, ad pris-*
» *tinum statum reduxit; et in eâdem Ecclesiâ*
» *constituit trigenta quatuor canonicos et in Castro*
» *prædicto victoriaco, quem similiter redificavit,*

(1) Ce *Castrum victoriacum*, dont il est toujours question, serait-il le même que celui mentionné par Grégoire de Tours, au sujet de Mandaric, livre 3ᵉ de son Histoire? Alors il est bien étonnant qu'une célèbre bataille, donnée sous ses murs, n'en ait pas perpétué le souvenir dans la contrée.

» *vigenti, ut post canonicum ordinem militarent* » *Domino et canonicè viverent; quibus dedit ipse* » *Rex, ex beneficio suo, scilicet et de rebus præ-* » *dictæ Ecclesiæ Sancti Juliani, mensas centum....* » *Scilicet prædictis clericis in commune sexaginta,* » *et abbati, quem ipsi* (1), *super se, pariter, eli-* » *gerent mensas quadraginta...... Et ipse Abbas* « *vel Congregatio ejus sub nullius ditione essent* » *ac nemini cuilibet, obsequium pro prædictis* » *rebus fecissent, nisi tantùm ad portam Regis* » *caballum unum cum scuto et lanceâ presen-* » *tassent......... Data cessio ista nonis junii, anno* » *duodecimo imperii Ludovici.* »

C'est donc au temps de *Guillaume le Pieux* et de *Béranger*, et seulement à cette époque, qu'on voit s'établir d'une manière authentique la démarcation entre les nobles et les roturiers, car jusques-là il y avait eu confusion; c'est au moins ce qu'on doit augurer du silence de l'histoire et de la tradition sur tout ce qui est antérieur à l'ordre nouveau. Ainsi donc, et ceux qui soutiennent que dès l'origine les nobles

---

(1) Cet Abbé s'est appelé *Prévôt* dans la suite. Il prenait le titre de première et principale dignité du Chapitre de Brioude; et le Chapitre a continué de le nommer jusqu'en 1775, que ce droit fut dévolu au Roi, sur la présentation de trois candidats, en échange de la décoration que Louis XV venait d'accorder aux Comtes.

dans l'Eglise de Brioude furent les premiers en rang et en puissance, donnant au mot *miles* la même signification qu'à celui de *nobilis*; et ceux qui prétendent, au contraire, que jusqu'au neuvième siècle ce ne fut qu'un couvent de moines, sont également hors d'état de prouver ce qu'ils avancent. C'est un point de critique impossible à résoudre, mais dont on a dû faire mention, pour ne rien omettre de ce qui est relatif à cette Eglise célèbre. S'il est vrai que même en 1789, sur la porte d'une grande salle intérieure, on lisait ces mots : *Conventus fratrum*, ne sait-on pas qu'ils se trouvent également sur les murs des édifices appartenant aux Templiers et aux chevaliers de Malte?

A dater de *Louis le Débonnaire*, les faveurs des rois de France descendirent en pluie abondante sur le Chapitre de Brioude. Ses priviléges et ses prérogatives étaient immenses. Il partagea jusques aux droits régaliens, il eut celui de faire battre monnaie. Ce qui le prouve, outre ce que répètent les chroniques à ce sujet et quelques pièces d'or qui subsistent encore dans quelques cabinets, c'est qu'il existe à Brioude une rue connue dans les titres les plus anciens sous le nom de *Rue de la Monnaie*, qu'elle a conservé jusqu'à ce moment. Un des priviléges dont le Chapitre a usé et abusé, c'est celui qui défendait aux officiers du Roi de s'introduire dans la ville et d'y rendre leurs arrêts. Qui le croirait! une ville de cinq mille âmes n'avait ni justice royale pour vider les différends entre les particuliers, ni corps municipal pour défendre ses intérêts. Un bailli rendait la justice et exerçait la police au nom du Chapitre. Un syndic convoquait l'assemblée communale, qui était présidée par un des comtes, en surplis. Faut-il s'étonner après cela que le calvinisme ait pris faveur un instant dans cette ville? On a bien plus lieu d'être surpris de ne pas lui voir un plus grand nombre de partisans. Les religionnaires tentèrent d'y faire un établissement qui ne put se maintenir. Une Ordonnance de *Charles de Valois*, comte d'Auvergne et gouverneur de la province, interdisit bientôt l'exercice de leur religion.

Une Bulle du pape *Alexandre II* nous apprend qu'il lui avait été porté des plaintes très-vives contre l'usure qui se pratiquait habituellement. Le clergé lui-même s'y trouvait inculpé.

A défaut d'événemens remarquables dans l'Eglise de Brioude, parmi les choses qu'on enregistre, voici les moins vaines d'entre les futiles :

Il s'est tenu à Brioude un concile en 1094. Le prévôt du Chapitre était *Wilhem de Polignac.*

Ce fut *Hugues*, archevêque de Lyon, qui présida le concile.

Guillaume Ier, duc d'Aquitaine, voulant vivre dans la solitude, consacra ses armes à Saint Julien, et se retira à *Saint Guilhem du Désert*, où il fonda une abbaye.

Le pape *Formose*, venant de Compostelle, passa par Brioude en s'en retournant à Rome, pour accomplir le vœu qu'il avait fait de visiter le tombeau de Saint Julien.

Plusieurs rois de France ont eu la même dévotion. Ce sont *Louis VII*, *Louis IX*, en revenant de la Palestine, *Philippe le Hardi*, *Charles VI* et *Charles VII*. Charles VI n'étant encore que dauphin, et pour l'accomplissement d'un vœu, déposa sur le tombeau du Martyr ses royaux vêtemens, souliers, bas, hauts-de-chausse, tunique. fraise et chapeau avec plumes, dont chaque année, à la procession des rameaux, un enfant de chœur marchait revêtu. Charles VII s'y arrêta en revenant du château d'Espaly près le Puy, où il avait été salué Roi après la mort de son père.

Dans le très-petit nombre de personnages autrement illustres que par la naissance, qui sont sortis du Chapitre de Brioude, il faut compter, dans les temps anciens :

Grégoire de Tours, qui, dans la vie de saint

R.F. IMPRIMÉS

Julien, nombre 2, prend le titre d'élève de l'Eglise de Brioude : *Alumnus ecclesiæ Brivatensis.*

Pierre le Vénérable, abbé de Cluny, de l'illustre maison de *Montboissier-Canillac.*

Robert, issu des comtes de Poitiers, fondateur de l'abbaye de la Chaise-Dieu, à laquelle il avait donné son nom.

Les papes *Clément VI* et *Grégoire II*, tous deux de l'antique maison *Roger-Beaufort*, qui s'éteignit dans celle de *Montboissier-Canillac. Clément VI* a son tombeau, en marbre noir, au milieu du chœur de l'église de la Chaise-Dieu, qu'il avait fait bâtir et comblé de richesses. *Grégoire II* avait demandé, par son testament, d'être inhumé dans l'Eglise de Saint Julien, s'il décédait à Avignon ; mais ce fut lui qui replaça le Saint-Siége à Rome.

Dans le dernier siècle, nous trouvons un *Colonges*, membre de l'académie des sciences ; un *Ségonzac*, évêque de Luçon, l'ami de *Gresset*, qui lui a dédié son *Carême in-promptu*, et le cardinal *De Bernis*, qui répondit aux reproches que lui faisait Madame *De Pompadour* de l'avoir tiré de la poussière, qu'on ne tirait pas de la poussière un comte de Brioude.

En dernier lieu, un *Fénélon* s'y faisait remarquer par la pureté de mœurs et le caractère de mansuétude qui semblent attachés à ce beau nom; on aurait d'ailleurs cherché vainement en lui quelques-unes des brillantes qualités qui distinguaient si éminemment le *Cygne de Cambrai*.

Telles sont les illustrations sorties du Chapitre de Brioude durant la longue période de treize siècles que s'est prolongée son existence.

Il est temps de revenir à l'Eglise même, de considérer ce beau monument et d'en faire connaître, avec quelques détails, l'architecture.

Cette construction date évidemment de l'époque dite du moyen âge. Il est hors de doute que c'est là le même temple qui a été bâti du quatrième au cinquième siècle, sauf les restaurations qu'il a subies à des temps postérieurs, et dont l'architecture indique les traces par sa corruption. On la voit s'égarer et arriver sensiblement au genre gothique; les formes carrées commencent par s'arrondir et tendent à finir en ogive.

L'extérieur est nu : le seul ornement qui s'y présente est un cordon en mosaïque de pierre blanche et noire, de la hauteur d'un demi-mètre et qui revêt la grande apside. Du reste, point de figures, point de signes zodiacaux, comme on en voit aux églises d'Issoire, de Notre-Dame du Port à Clermont-Ferrand et autres de l'Auvergne, bâties à-peu-près dans le même temps, sur le même plan et d'après les mêmes principes d'architecture (1). L'intérieur de celle de Saint Julien est remarquable par son élégance et sa simplicité. C'est un parallélogramme de deux cent trente pieds de longueur sur soixante-dix de largeur, arrondi à l'extrémité orientale, de manière à former une grande et une petite apsides. Sa hauteur, du pavé actuel jusqu'à la voûte, est de soixante-huit pieds pour la nef, et de cinquante-quatre pour les bas-côtés. On trouve à l'ouest, extérieurement, la grande porte, qui n'a jamais été achevée; intérieurement, un grand porche dont les voûtes surbaissées sont supportées par de grosses colonnes; il y a de plus, au nord et au midi, deux petits porches extérieurs, aboutissant à deux portes latérales. C'est à l'orient, en face du grand porche et du portail, que le maître-autel se trouve placé sous une coupole soutenue par six belles colonnes d'ordre toscan, de couleur vert-antique, avec les chapiteaux dorés. Cinq petites chapelles demi-circulaires, ornées de colonnes élégantes, accouplées par trois et par cinq, composent le rond-point ou la petite apside.

Les grosses colonnes qui séparent la nef des

---

(1) Les églises d'Issoire et du Port ont été fondées par Saint Avit, évêque de Clermont, en 500.

bas-côtés et servent à supporter les voûtes, sont remarquables par leurs belles proportions et la sculpture des chapiteaux. Les sujets de ces derniers sont très-variés, et plusieurs même indécens ; celui, entr'autres, au-dessus de la colonne la plus près de la porte de la sacristie. Quelques personnes en concluaient que probablement ils avaient été tirés de l'ancien temple consacré aux divinités païennes ; mais cela n'est pas, et ils ont tous été taillés sur place ; on peut s'en convaincre par ceux qui sont restés inachevés ou grossièrement ébauchés. D'ailleurs, les sujets indécens ne sont ni des Typhons, ni des Priapes, ni des Bacchantes, et l'on sait que les sculpteurs, ayant le champ libre à cet égard, ne consultaient que leurs caprices, qu'ils ont ont porté souvent jusqu'à la licence.

La partie la plus ancienne de l'édifice, celle par où l'on a commencé, est incontestablement le grand porche situé à l'ouest. De grosses colonnes supportent les voûtes surbaissées, au-dessus desquelles se trouvait un grand buffet d'orgues et une chapelle dédiée à Saint Michel. Les murs de cette dernière étaient peints à fresque, ainsi que la voûte, et représentaient les divers combats et le triomphe de l'archange contre l'ange déchu ou le diable, et l'on n'y célébrait que l'office des morts. Les belles colonnes de ce porche, outre le mérite qu'elles tirent de la justesse des proportions, offrent encore à l'attention des archéologues des chapiteaux extrêmement intéressans sous le double rapport de l'art et des sujets. L'on retrouve même sur l'un d'eux le masque grec, tel qu'il existe sur les bas-reliefs antiques.

Si l'on s'arrête après avoir franchi le porche, et qu'on examine la nef dans son ensemble et dans ses détails, dans sa hauteur, sa largeur et sa profondeur, l'œil est blessé de la disparité qui existe entre ces parties. La hauteur n'est point en rapport avec la largeur; elle est beaucoup trop considérable. En avançant et considérant attentivement les piliers en forme de colonnes qui servent à séparer la nef des bas-côtés, et les constructions élevées au-dessus de leurs chapiteaux et se terminant en voûtes, on est tout surpris de ne plus retrouver le même goût, le même ordre d'architecture, et l'on demeure convaincu qu'il y a eu superposition; en sorte que pour voir l'Eglise telle qu'elle est sortie des mains du premier et plus habile architecte, et retrouver la justesse des proportions, il suffit, par la pensée, de supprimer les murs élevés pour supporter la voûte de la nef et de la faire reposer, comme dans le principe, sur les chapiteaux des colonnes existantes.

Quand il a été question de réparer l'église, après les divers sacs qu'elle a dû éprouver, il a fallu nécessairement se conformer au goût de l'époque, et l'architecture du moyen âge a dû faire place à celle de transition, qui a fini par amener le gothique. Ainsi, dans les murs élevés au-dessus des piliers, comme dans la voûte qui les couronne, on aperçoit un commencement de forme ogive et de pendentif, qui sont encore plus fortement prononcés dans les chapelles de la petite apside; construction évidemment la plus moderne de tout l'édifice, et dont on n'est point embarrassé pour fixer l'époque, ce genre d'architecture ayant pris naissance au treizième siècle et commencé au règne de Saint Louis.

Ainsi, en portant un regard attentif sur ce beau monument, l'œil exercé de l'archéologue reconnaît et distingue facilement trois genres d'architecture qui remontent à trois époques différentes : il retrouve les traces de la plus ancienne, celle du moyen âge, c'est-à-dire, des quatrième et cinquième siècles, dans le grand porche intérieur, les colonnes, leurs chapiteaux, et toute la grande apside. Les murs élevés plus tard sur les piliers, pour exhausser la voûte de la nef; ces murs et cette voûte, avec leurs ornemens singuliers, nous signalent le changement de goût, le passage d'un genre à un autre, et sont évidemment l'ouvrage des dixième et onzième siècles. Enfin, les chapelles de la petite apside, où les colonnes accouplées, les fenêtres et leurs ornemens de forme ogive attestent que le gothique a prévalu, indiquent suffisamment des constructions du treizième siècle.

Les deux petits porches extérieurs, au nord et au midi, sont dignes également de fixer l'attention : ils portent le cachet de leur époque, celle du treizième siècle. Les voûtes étaient chargées de peintures, qui s'effacent chaque jour. Au porche du midi, et au-dessus de la porte d'entrée, on voyait une Vierge noire, en bois; au porche du nord, c'était encore une Vierge entourée d'Anges; mais les Anges et la Vierge étaient d'une pâte formée d'un mélange de chaux, d'argile et de silex, séché ou cuit et fixé à la muraille par de gros clous qu'on voit encore. Les deux portes en bois étaient recouvertes intérieurement et extérieurement d'une peau assez épaisse, préparée et chargée de couleurs.

Deux clochers, de formes différentes, se trouvaient placés aux deux extrémités. A l'ouest, c'était une tour carrée à deux étages, avec colonnes; on y avait pratiqué un belvédère, où un prêtre se rendait dans les temps d'orage, pour chasser les diables et le tonnerre, ce qui est tout un pour le peuple. A l'est, c'était une tour octogone à deux étages, avec huit grandes ouvertures de forme cintrée, ornée de colonnes à chaque étage, qui se terminait en flèche et n'avait guère moins de cent pieds d'élévation; elle était surmontée par une croix latine, en fer doré, haute de six pieds. La flèche a été démolie, et sur la tour on a pratiqué une plate-forme, où se trouve placé le timbre de l'horloge.

Les pierres employées à la construction de cet édifice sont toutes en grès, dont l'un de couleur blanche et plus tendre, l'autre, rouge et brun; celui-ci est plus dur. Elles ont été prises aux environs de Brioude.

Pour achever ce qu'il y a à dire sur ce monument, il ne reste plus qu'à parler de quelques inscriptions qui se lisent sur des pierres de ce grès tendre et blanc, et à l'extérieur des chapelles du rond-point. On les trouve depuis le niveau du pavé jusqu'à la hauteur de deux mètres. Elles commencent toutes par ces deux lettres *Ob*, et quelques points; d'où l'on cherchait à conclure que c'étaient d'anciennes pierres votives qui avaient dû appartenir à la primitive Église, parce qu'on voulait absolument qu'il en eût existé plusieurs. Ainsi, l'on suppléait, par la pensée, à ce que l'on voulait qui eût existé, et l'on se croyait fondé à lire : *Ob gratiam, Ob salutem*, etc. ; mais, d'une part, on a prouvé que l'édifice actuel est bien celui élevé au cinquième siècle et qu'il n'y a pas eu deux constructions ; de l'autre, en rappelant un fait qui doit trancher la question, il convient d'observer que le terrain autour de l'Église, dans cette partie, formait le cimetière du Chapitre et se trouvait dans l'enceinte des cloîtres. Après cela il ne doit plus rester de doute sur la nature de ces inscriptions qui ne sont et ne peuvent être que tumulaires.

Un de mes amis, M. *Deribier du Châtelet* (1), ayant pris la peine de relever un grand nombre de ces inscriptions et d'accompagner ce travail d'observations intéressantes, je me fais un plaisir de consigner ici ce morceau de critique.

Observations faites par M. Deribier du Châtelet, *au sujet de quelques inscriptions gravées sur le mur extérieur de l'Église de Saint Julien de Brioude.*

« Vers le commencement de juin 1826, ayant eu l'occasion de passer à Brioude, je fus visiter

---

(1) Associé correspondant de la Société royale des Antiquaires de France et Membre non résidant de celle du Puy, frère puîné de l'auteur de la *Statistique de la Haute-Loire*.

l'Église de Saint Julien, dont l'architecture gothique attira particulièrement mon attention. On m'avait parlé de certaines inscriptions placées à l'extérieur du rond-point de cette Eglise, comme ayant fait partie de pierres votives enchâssées ensuite dans les murs, lors de la construction de l'édifice. Je vais rendre compte de l'examen que j'en ai fait.

» Elles sont tracées assez grossièrement sur des pierres placées au-dessus de la surface du sol environnant, depuis trente-cinq centimètres jusqu'à deux mètres de hauteur.

» J'en ai relevé le plus grand nombre. On les trouvera gravées figurativement sur une planche jointe à cette Notice.

» Que peut-on conclure de ces inscriptions, sinon qu'elles ont été gravées par des personnes pieuses sur le mur de l'Église, en mémoire des défunts y dénommés?

» Il est bon d'observer que la place actuelle qui fait le tour du chœur de l'Eglise, formait jadis le cimetière du couvent et Chapitre de Saint Julien, réservé exclusivement aux moines et chanoines; les bâtimens le cernaient de tous côtés.

» Quand un chanoine ou autre personne du couvent mourait, soit qu'elle n'eut pas de pierre tumulaire, soit par dévotion, son nom était gravé sur une des pierres du chœur, accompagné de l'indication de ses qualités ou professions, et souvent du mot *Beatus* (Bienheureux). On voulait ainsi, par cet usage, témoigner l'union et l'attachement du défunt à l'Eglise spirituelle.

» On a choisi de préférence pour porter ces inscriptions, entre les pierres qui composent l'édifice à l'extérieur, celles qui sont blanches, douces à tailler et d'un grain plus fin. La pierre grise, bien plus dure, n'en a reçu aucune. D'après la forme des caractères, j'ai cru pouvoir les considérer comme appartenant aux dixième et onzième siècles, et peut-être aussi au neuvième, à cause de l'entrelacement des lettres majuscules et de l'insertion de petites lettres dans les grandes. (*Voyez surtout le* N° 5.)

» Je ne doute pas un instant que les inscriptions ne soient postérieures au bâtiment; car pour croire, avec quelque vraisemblance, que ces pierres aient été inscrites avant d'avoir été employées par l'architecte, et qu'elles aient fait partie d'un monument plus ancien, il faudrait que ce monument eût été circulaire. Le N° 1, qui a environ quatre-vingts centimètres de longueur, a ses lettres aux deux extrémités aussi profondément gravées qu'au milieu; cependant la pierre décrit un arc de sept à huit centimètres de flèche. Il en est ainsi des autres, quoique moins longues. Ce qui prouve encore que ces noms ont été gravés sur place, c'est que le N° 5 porte aussi la marque de l'architecte, qui se trouve sur les autres pierres du rond-point : c'est la figure intercalée dans l'inscription. Le N° 4 indique un *Dugreil*, famille ancienne de la Haute-Auvergne. Le N° 6 appartient à un personnage de la famille *d'Ally*, et le N° 7 à la famille *De Bar*.

» J'ai essayé de figurer, sous le N° 8, les caractères de l'alphabet employés par l'architecte pour la marque de ses pierres. »

Un autre de mes amis, M. *Jorand*, archéologue distingué, les a également relevées, et même en plus grand nombre. S'il diffère quelquefois sur le sens avec M. *Deribier*, il est d'accord sur le fond et n'y voit que des épitaphes grossières. Son travail a paru dans le *Recueil de la Société royale des Antiquaires*, dont il est aussi membre.

En parlant des nombreux privilèges du Chapitre de Brioude, et par ce mot *Chapitre* il faut toujours entendre les chanoines nobles seulement, j'ai oublié de dire qu'il avait celui de nommer le chef de la milice. Il en était très-jaloux, et ne manquait pas d'en user à chaque vacance. Voici la liste de ces Commandans, à dater de 1303 jusqu'à la fin.

Chronologie des Commandans de la ville de Brioude, extraite des archives du Chapitre.

Années.	
1303.	Pons de Polignac.
1350.	Guillaume de Lasalle.
1368.	Le cardinal Roger de Beaufort.
1383,	Bernard Deslauriac.
1388.	Guillaume de la Motte.
1404.	Le chevalier de Laire.
1413.	Pons de Langeac.
1428.	Lyonnais d'Asenières.
1435.	Jean de Langeac.
1460.	Rochefort d'Ally.
1480.	Rigaud d'Aureille.
1586.	Durand de Charbonnel.
1498.	Louis de Laspas.
1517.	Armand de Rochefort.
1577.	Gabriël d'Aureille.
1580.	Jean de Malapeyre.
1580.	Antoine de Colonges.
1612.	Gabriël de la Roque.

1630. Beaufort-Montboissier.

1646. De Montgon.

1649. De Montvallat.

1721. De Bouzols, *Lieutenant-général des armées du Roi, Commandant de la province d'Auvergne.*

1734. De Vernassal, *Lieutenant-général des armées du Roi et Commandeur de l'ordre de Saint-Louis.*

1755. De Lugeac, *Lieutenant-général des armées du Roi, Grand-Croix de l'ordre royal de Saint-Louis.*

1782. De Lafayette, *Maréchal des camps et armées du Roi, Major-général des armées des États-Unis d'Amérique.*

Parmi les Chartes nombreuses du Chapitre se trouvaient deux manuscrits également précieux par la beauté du vélin et de l'écriture, et par le corps même des ouvrages. C'étaient le grand Cartulaire, en un très-gros volume, très-grand in-folio, et les Histoires de *Grégoire de Tours*, en deux volumes du même format. Ils sont devenus la proie des flammes. Avec le premier, les anciennes familles ont perdu la possibilité d'authentiquer un grand nombre de leurs illustrations comme de leurs alliances;

et les savans ont vu s'évanouir, avec le second, tout espoir de comparer le texte imprimé au plus ancien et le mieux conservé des manuscrits du père de notre Histoire; de celui qui, seul, nous a transmis et retracé les faits et les mœurs du moyen âge. Sans *Grégoire de Tours*, il y aurait une lacune immense dans nos Annales.

BIBLIOTHÈQUE NATIONALE R.F. IMPRIMÉS

FIN.

www.ingramcontent.com/pod-product-compliance
Ingram Content Group UK Ltd.
Pitfield, Milton Keynes, MK11 3LW, UK
UKHW012123240726
13965UKWH00005B/1929

9 782013 044486